SABIO CULTIVO DE ORQUIDEAS

Josué García Rodríguez

BARKER & JULES

BARKER ❷ JULES˙

SABIO CULTIVO DE ORQUIDEAS

Edición: Barker and Jules™
Diseño de Portada: Barker & Jules Books™
Diseño de Interiores: María Elisa Almanza | Barker & Jules Books™

Primera edición - 2020
D . R .© 2020, Josué García Rodríguez

I.S.B.N. | 978-1-64789-196-1
I.S.B.N. ebook | 978-1-64789-197-8

BARKER & JULES, LLC
2248 Meridian Blvd. Ste. H, Minden, NV 89423
barkerandjules.com

ÍNDICE

DONDE HAY NATURALEZA, HAY ARMONIA PURA. LA ARMONIA ES ALIADA DE LA JUSTICIA. LA PAZ ES HIJA DE LA JUSTICIA... Y DONDE HAY JUSTICIA, HAY AMOR Y HAY ESPERANZA, LA NATURALEZA NOS RECUERDA CADA UNA DE ESTAS PALABRAS; ARMONIA, PAZ, JUSTICIA Y AMOR. EN LA NATURALEZA HAY UNA PLANTA QUE ADEMAS TIENE LA PECULARIEDAD DE ENSEÑAR PACIENCIA, FUERZA TOLERANCIA, BELLEZA Y RESILIENCIA. TANTO ASI QUE SE CONV IERTEN EN SACRAMENTO, NOS TRAEN A LAMEMORIA BUENOS MOMENTOS DE NUESTRA VIDA, RECUERDOS QUE GUARDAMOS CON CARIÑO Y AFECTO. ESTA PLANTA ES LA ORQUIDEA. ESTE ESCRITO NO PRETENDE SER UNA GUIA FIEL Y EXACTA SOBRE EL CULTIVO DE LAS ORQUIDEAS. HAGO ECO DE LAS PALABRAS DE GANDHI; "AYER HICE UNAS EXPRESIONES QUE MAÑANA PODRIAN VARIAR, DEBIDO A QUE HOY TENGO UN CONOCIMIENTO MAYOR DE LO QUE AYER ENTENDIA QUE ERAN LAS COSAS".

Soy fanático de los cuatro elementos. Fuego, Aire, Agua y Tierra. Desde que era pequeño aprendí a valorar y trabajar la tierra teniendo en cuenta que era un gran tesoro, me da suelo, me da techo, me da sustento. Fue una doctrina enseñada por mis abuelos a mis padres, y ahora es mi turno. Me educaron en el arte de saber escuchar a la naturaleza con todos mis sentidos. En fin, lograr una comunión perfecta entre lo que me rodea con lo que soy, sin dejar de ser. Sabiendo que tengo algo de la naturaleza impregnado en mi ser, y dejando algo de mi en ella cuando la trabajo.

Entonces en ese proceso de ser educado en ese arte de amar a la naturaleza es que nace mi pasión por las orquídeas.

Todos los días aprendo cosas nuevas de ellas, es siempre una aventura. Logre desarrollar un sexto sentido... sí, ya que he logrado comprenderlas y entenderlas cuando me hablan. Yo las miro y ellas me miran, yo les hablo y ella me responden, ellas me hablan y yo las escucho. Esto suena sin sentido y algo alocado, y les cuento un detalle... así soy, y así es la naturaleza.

No lo sé todo, todos los días conozco cosas nuevas y como tengo ese amor a la lectura y me entiendo con las letras pues procuro aprender más y más...no tan solo leyendo si no también escuchando de los doctos en estos temas, aprendiendo a cantazos y también experimentando. Esto es una mezcla de ciencia y sabiduría, es aplicar lo aprendido en nuestros estudios básicos, poniendo mucho empeño en lo que hacemos, esto debido a que si amo algo procuro conocerlo lo más que pueda, porque mientras más uno conoce de una cosa más crece el amor por eso.

En esto que leen, verán y entenderán, que no soy un doctor en botánica o taxonomía. Pero sí, a través del tiempo, he adquirido sabiduría y es lo que transmitiré en este escrito. Todo ser viviente está entrelazado de una manera directa con los elementos de la vida. Las plantas de igual manera.

El fuego, lo relaciono directamente con la Iluminación solar que deben recibir para un crecimiento adecuado y está directamente proporcional a la temperatura, ya que muchas orquídeas florecerán con cambios drásticos de temperatura, pero de igual un cambio de temperatura es suficiente para hacer perder una inflorescencia completa.

Del agua… que ser viviente no lo necesita, es fundamental para nuestro desarrollo y vida.

Del aire, que nos da oxígeno y renueva, aparte de dar vida.

De la tierra que nos da nutrientes porque sin ellos no podríamos tener sangre para seguir viviendo, que en el caso de las plantas es la savia.

Como acaban de leer los elementos son vida. Entonces vayamos a lo básico con nuestro cultivo de orquídeas.

Entonces hablemos de fuego...

Siempre hemos escuchado esa frase de "no juegues con el fuego, porque te puedes quemar". Verdad que sí, esta frase encierra una gran sabiduría. Es cierto que el fuego nos brinda calor y nos protege del frio, también es un elemento que al ser usado mal o mal manejado puede ocasionar daños irreversibles ya que deja su marca o incluso te puede matar. Pero es vida. Entonces hablemos del SOL.

Sabemos que la iluminación es una variable de suma importancia para nuestras plantas, en específico las orquídeas necesitan del sol para crecer, y todo ser viviente, todo tipo de planta ya que necesitara hacer fotosíntesis y osmosis.

Me hacía la pregunta siempre… ¿Cómo saber la iluminación adecuada que debe recibir mi planta de orquídea?

Sabemos que hay miles y miles de especies. Cada género de orquídea con sus especies se da en hábitat específicos y únicos, en algunos casos se dan exclusivamente en ese lugar del mundo, y no en ningún otro lugar.

A que se debe ese fenómeno, sencillo en ese lugar están los elementos esenciales para que esa orquídea desarrolle a su perfección. Recibe iluminación, riego, humedad y nutrientes de una manera natural.

Entonces si puedo proveer esos mismos elementos en mi hábitat natural entonces podre darles un cultivo mejor a esas especies de orquídeas. Es decir, no toda orquídea es para ser cultivada en nuestra isla de Puerto Rico.

En estos 27 años que llevo cultivando una profesora me iluminó en uno de los centros comerciales que trabajaba con mi tiendita ambulante de plantas de orquídeas. Me educó en una palabra media enreda, pero importante... FOTOTROPISMO.

FOTOTROPISMO es la respuesta de los seres vivientes al estímulo de luz. Nosotros a mucha intensidad de iluminación solar haremos lo que hace el güey, cuando le azota el sol buscará la sombra, para evitar sofocarse y quemarse.

Fíjense el sol nos da fuego, calor, y temperaturas que son adecuadas para subsistir, pero en abuso nos puede hacer daño. Por favor si usted tiene la oportunidad y terreno o espacio para sembrar un árbol, HAGALO. De tener plantas a su alrededor, HAGALO. Es necesario la capa de ozono nos necesita más que nunca, ayudemos a recuperarla. MAS VERDE, MENOS GASES, MENOS GRIS, MÁS COLOR CON MÁS FLORES.

Recuerdo cuando empecé en este arte de cultivar orquídeas, era difícil comprender los términos anglosajones para ciertas cosas, nosotros tenemos nuestra jerga y el anglosajón igual, inclusive, aunque hablemos español, hay jergas que uno no comprende. Y cuando uno lee "bright light", "shadow", no es lo mismo al traducirlo en español ya que a veces cometemos el error de hacerlo de una forma literal. Y así no se puede traducir porque hay que tener el concepto claro de lo que es junto a la idea que se quiere transmitir. Porque ahí dice Bright Light que es luz brillante, no dice sol directo, no dice luz filtrada. Al igual dice shadow que es sombra en español.

Ahora comprenden. Entonces cambie la palabra luz por ILUMINACIÓN, ya que no es cuestión de SOL o solo SOMBRA, o LUZ BRILLANTE, es cuestión de ILUMINACIÓN. Fíjense que no uso la palabra Sol y esto se debe a que la tecnología ha avanzado de tal manera que podemos adquirir bombillas o sistemas de iluminación ultravioletas que asemejan la iluminación natural del Sol.

De esta manera puedes cultivar en interior plantas que solo podías cultivar en exterior. Para cultivar en interior orquídeas podrás hacerlo adquiriendo ese sistema y crear un hábitat de humedad y riego y sin problema tendrás un bosque dentro de tu apartamento o casa.

Tengo amistades en Dinamarca, Canadá, Estados Unidos y hasta en Holanda cultivando orquídeas tropicales y hasta Cattleyas bajo condiciones artificiales. Y les florecen de maravilla.

Retomemos la palabra fototropismo. Y para traducir esta palabra a cultivo es bien fácil. No importa planta o árbol, Si está creciendo derechita, es decir a noventa grados desde su base está recibiendo la iluminación adecuada.

Todo lo contrario, a una planta creciendo en varias direcciones, incluso inclinada o doblándose en si misma, está pidiendo a gritos más iluminación. Entonces si escuchamos a la planta gritar necesito más iluminación, entonces complazcamos a la planta y veras que en poco tiempo sus tallos y follaje cambiará y la planta se redireccionará enderezándose, indicando que encontró lo que le hacía falta. De igual nos habla cuando está recibiendo iluminación demás.

Las plantas al igual que nosotros reaccionamos a esta iluminación. Nosotros con un poco de sol nos podemos quemar la piel, mudamos esa piel y renovamos…la planta no es así, una vez se quema no renueva, esa parte se pierde.

En más exceso nos enfermamos, nos puede dar cáncer. La planta en demasiada iluminación se quemará y morirá.

¿Entonces, como logramos el equilibrio? Es observar el crecimiento de la planta para ver si está recibiendo la iluminación adecuada para florecer.

La iluminación influye en el follaje de la planta y en las orquídeas ocurre lo propio, de manera general el follaje en algunas especies varía su color verde con la intensidad de la iluminación a la que están expuestos, en algunos casos puede que el follaje torne a rojo o vino debido a este estrés por iluminación.

Hay géneros que se les formaran pecas que van desde el rojizo hasta el marrón incluso pueden aparentar ser manchas negras que se pueden confundir con alguna enfermedad, sea virus o bacteria.

Como verán no es tan solo observar que la planta crezca derechita, es también saber escucharlas cuando por estrés cambien su patrón de color en el follaje. También la mucha intensidad a la iluminación solar afectará el crecimiento. La planta cuando está recibiendo ya demasiada iluminación puede no crecer a su tamaño regular quedándose más pequeña.

Entonces que hacer, aprender a escuchar estos signos de la planta que nos da para poder ubicarla en un lugar que reciba la iluminación adecuada. Ya que bajo las condiciones ideales florecerá magistralmente hermosa.

Es decir, si su follaje torna a más amarillento, cambia su color a rojizo, las pecas color vino se intensifican casi cubriendo la hoja, es entonces momento de reubicar la planta.

El color de su flor se intensificará a más iluminación y se atenuará a menos iluminación.

En ocasiones y en algunos géneros de orquídeas la temperatura influye en esto ya que puede la inflorescencia estar abriendo capullos y si las movemos de lugar veremos cambios de color en las flores. Este cambio de color y patrón se debe a que hubo cambio de temperatura e iluminación.

De manera general si vemos que la planta debe de crecer dos pies de alto en sus bulbos y notamos que la planta ha crecido derecha, pero está su follaje verde clarito, pero se queda pequeño y no alcanza su tamaño normal, entonces está recibiendo demasiada iluminación y esto ocasionará que la planta no florezca adecuadamente y de florecer será pobremente.

De igual si está en pobre iluminación tendremos una planta con follaje bien verde y hasta un poco más largo de lo normal y lo mismo ocurrirá, la planta no florecerá, y de hacerlo será una florecida pobre.

Entonces esto de la iluminación es un factor importantísimo para cultivar nuestras plantas de orquídeas ya que si no las ubicamos en el lugar correcto para que reciba la iluminación o nos exageramos en esa iluminación no tendremos flores o liquidaremos a nuestra especie, y no queremos que esto suceda. La mejor sugerencia es aprender a escuchar nuestras plantas con nuestros ojos.

Los ojos son la luz del alma, y son los que iluminan nuestro conocimiento al leer, ¡por eso además de la observación aconsejo siempre que lean y busquen más información sobre el género y la especie que adquirió… no! es mejor que lea mucho y se oriente antes de adquirir la planta.

He sabido decirles a clientes que no les venderé la planta ya que no tienen un hábitat adecuado para su cultivo. Esto es ser transparentes y puede ser chocante, pero la idea no es hacer dinero a cuenta de otro, la idea es preservar la especie. Muchas plantas y seres vivientes en cautiverio han durado mucho más que estar en vida salvaje. En su hábitat natural la planta recibe momentos de iluminación y momentos de sombra y hemos aprendido como esto las ayuda o las afecta.

Hemos visto la importancia de la iluminación, y si tocamos al Sol, tenemos que tocar la Luna. Esto establece un ciclo en tiempo que también es un ciclo vital…Nacemos, tenemos un tiempo y luego morimos. Las plantas como seres vivientes no están exentas a este ciclo. Las plantas eclosionan, emergen, se reproducen tienen su tiempo y mueren.

Además de la vida y su tiempo, hay otro factor que nos trae estos cuerpos celestes, la temperatura. Durante este periodo de día a noche pues habrá cambios en temperaturas. Como nosotros que de día trabajamos y de noche dormimos, la flora hace lo propio y se deja sentir, hay unas flores de orquídeas que abren al salir el sol y cuando ocurre el ocaso pues cierran, y siguen con ese ciclo hasta que la flor muere. Otras flores nacen en el ocaso y mueren al salir el sol. Otras flores expelen su aroma en las noches y otras lo hacen de día. Esto ocurre así debido a que la naturaleza es inteligente y si la flor quiere ser polinizada usara todo lo que tiene para lograr convertirse en un fruto. Y algunos agentes polinizadores tienen vida nocturna y otros vida diurna, como las abejas y las polillas.

Las orquídeas necesitan de estos periodos de oscuridad por igual, ya que por estos cambios de temperaturas muchos géneros de orquídeas estimularan su inflorescencia.

Puedo mencionar dos géneros conocidos; Phalaenopsis y Dendrobiums. Las Phalaenopsis espigaran gracias a los cambios de temperatura que se dan en verano otoño algunas, y otras florecerán en primavera gracias al cambio de temperatura que trae el invierno. Hay por ejemplo el Dendrobium crumenatum que florece cuando hay un cambio de temperatura drástico, muchos días de sol y temperaturas altas y de momento hay días de lluvia. Esto hará un cambio de temperatura drástico que ocasionará la florescencia en las espigas de este Dendrobium.

Otro elemento que nace a raíz de estos factores de calor y frio, de día y de noche se le llama rocío. Y esas pequeñas gotas de agua son necesarias para todas las plantas y en especial para las orquídeas.

Entonces hablemos de agua.

De igual manera que tenemos el roció por factor de cambios de temperaturas de una manera natural, tenemos también por cambios en la climatología; las lluvias, las tormentas, los ciclones y los huracanes.

Son males necesarios que ayudan a evolucionar no tanto el ambiente si no que, de igual al ser humano, o eso pretende.

En fin, La lluvia es otro elemento que produce agua. Como elemento es vital ya que sin agua moriríamos deshidratados, pues la planta como ser viviente no se queda atrás de igual manera muere sin agua. Y aprendí que de igual forma en exceso de agua el ser humano se deshidrata, por ejemplo, cuando estas en una piscina, rio o playa y llevas mucho tiempo en el agua y de repente te miras las yemas de los dedos notaras que están arrugadas, verdad que sí, pues eso es un signo de deshidratación. Como todo en la vida los extremos MATAN.

La lluvia es el riego natural que tendrán las orquídeas y las plantas en su hábitat natural.

Hay lugares en el mundo e inclusive en nuestra isla que no llueve todos los días, teniendo periodos de humedad y periodos de sequía. Pueden pasar meses largos sin que llueva o podemos tener semanas en que llueve todos los días. Las plantas se han adaptado y evolucionado gracias a esos periodos y subsisten, no se mueren. Han sabido conocer su entorno y acoplarse al mismo sin afectarlo ni dañarlo en un toma y dame eterno. De seguro la humanidad se acabará, pero la naturaleza perdurará para siempre.

A parte de leer e investigar, también observe. Me formule lo siguiente; las plantas en un hábitat natural quizás se enfermen con virus transmitido por algún acaro o insecto que haya interaccionado con la misma, con bacterias que le ocasionen infecciones debido a que la planta sufrió algún tipo de daño. Me dije eso es normal, pero nunca se pudren, sus raíces siempre están impecables…y me pregunté, ¿por qué esto era así?

El riego. Sí, el riego. No es lo mismo el riego NATURAL, al riego ARTIFICIAL.

NO ES LO MISMO DAR CULTIVO A LO NATURAL, QUE DAR UN CULTIVO ARTIFICIAL.

La naturaleza es sabia muchas orquídeas germinan y se anclan en lugares donde obtendrán todo lo que necesiten para obtener un ciclo de vida perfecto.

En cautiverio cometemos el garrafal error de humanizar a la planta, de igual manera que hacemos con nuestras mascotas, pensamos que son personas y una mascota es un animal, muchos por cierto más nobles e inteligente que lo seres humanos, cada cosa a su lugar. Todo tiene su lugar y su orden, hay

Hay cosas que no podemos alterar debido a las consecuencias que estas cosas ocasionaran. En ocasiones pensando que hacemos un bien realmente estamos haciendo mal. Y ésta fue mi primera respuesta, luego de haber matado mil plantas pensando que estaba haciendo lo correcto al cultivarlas en cautiverio.

Descubrí que, aunque estén en cautiverio la planta siempre será planta, al igual que un gato siempre será gato, que un ave siempre será ave, que un pez siempre será pez, que un perro siempre será perro. Y que los seres humanos estamos destinados a perder aquello que nos fue regalado por Gracia, la inteligencia. Esto por la falta de humildad y transparencia.

La Naturaleza evoluciona y se construye, el ser humano no evoluciona y se destruye entre sí. La flora y la fauna se equilibran, el ser humano se destruye a si mismo. Se perdió la gran enseñanza y sabiduría Divina y universal. Ama al prójimo como a ti mismo. Si yo me amo no me destruyo querré siempre ir más allá de donde estoy ahora y que los que vengan luego de mi tomen eso y lo mejoren, así evolucionamos.

Así son las orquídeas, son FUERTES. Lo dijo Darwin; "no es el más fuerte de las especies el que sobrevive, tampoco el más inteligente el que sobrevive. Es aquel que es más adaptable al cambio."

Entonces aquí lo que descubrí, la orquídea en su ambiente natural se moja y se seca, no tiene nada que le retenga el agua, y eso porque, sencillo el agua que se acumula y no corre se pudre, se daña, se enferma y no sirve ni para tomar. Ven, todo tiene un orden.

La planta de orquídea germina en una piedra, en un terreno, en un árbol, en un musgo, en un área cual sea, inclusive crecen sobre otras orquídeas. Ahí la orquídea recibe nutrientes, recibe su iluminación adecuada, allí ella recibe su agua. Recibe lo justo y necesario para comulgar en armonía con su ambiente.

Todo lo contrario, ocurre en cautiverio, al no estudiar su hábitat natural ni como es su comportamiento en cuanto a lo que la rodea, comienzo hasta ponerle nombre a la planta, pues no. La planta no necesita un nombre, la planta en cautiverio necesitara donde anclarse, donde obtener agua y que va a comer.

Ahora si les pediré que "humanicen" a las plantas. Si yo me alimento, ellas se alimentan, si yo tomo agua ellas toman agua, si yo necesito estar cómodo, ellas también. Recuerdan la Ley máxima universal: AMAR AL PROJIMO COMO A TI MISMO, si logramos hacer esto con lo sencillo y mínimo, entonces imaginen que cambios haríamos a nos mismos como personas.

Entonces ahí es que radica la importancia del cultivo en cautiverio…regla de oro, TENGO QUE PROVEERLE LO QUE LE QUITE. Es decir, en un hábitat natural la orquídea tenía todo, no nos necesitaba para nada. Pero en cautiverio tengo que proveer aquello que le quite de la naturaleza, ellas no tienen piernas ni brazos, yo tengo que ser sus piernas y sus brazos.

Lo primero que le quite fue su iluminación natural y recuerden lo importante que es, y que junto a ese elemento que le reste, le reste la humedad, el roció y el agua de lluvia.

Entonces en cautiverio como doy esa humedad, regando los techos y suelos en donde las tenga cultivando, hoy en día puedes crear un cuarto y ponerle todos esos sistemas, pero para el que no puede costear pues tendrá lo básico, arboles, o ranchos con tela de filtro solar, o cemento. Entonces como hacer. La temperatura hará lo suyo con el ciclo del día y la noche. Pero podemos ayudar creando humedad dejando los suelos mojados en las noches o las ramas de los árboles, para que cuando amanezca y ese calor que nos da el día evapore esa agua y ese vapor es la humedad que tanto aman las orquídeas. El riego debe ser como el de una lluvia pasajera o lluvia de un día que escampa y vuelve. Así es que sugiero regar las plantas y las orquídeas más aún.

Recuerdan el seco mojado, el agua que no se acumula, pues eso me dio luz a mi sistema neuronal, las plantas están ancladas, no están sembradas en la naturaleza, cuando comprendí eso dije tengo que quitar de mi sistema neuronal al trabajar con orquídeas el termino SEMBRAR, entonces cambie ese término por COLOCAR, PONER, MONTAR, SUJETAR. Y que la planta sea libre en hacer lo suyo... ANCLARSE.

Ya habiendo descubierto todo esto comencé a que mis plantas de orquídeas fueran mejores y florecieran más...

Había comprendido ya par de elementos, FUEGO, AGUA Y AIRE. Logré con el tiempo escuchar a mis plantas... entonces al conocerlas mejor le di mejor calidad de vida. Y ellas me respondieron a ese trato. Creciendo derechitas en su color correcto note que florecían bien, deje de podrirlas porque deje de estar sembrándolas y comencé a colocarlas para que se anclaran, de esa forma reciben agua y la dejan ir... no la retienen obtiene lo necesario y sueltan, nunca acaparan.

Teniendo todo esto en cuenta deje de podrir las plantas, y las plantas se pudren por riego tanto de arriba hacia abajo, que si esto ocurre hay salvación amputando la parte podrida y colocando canela en polvo, para sellar y evitar que microorganismos entren por esa herida e infecten a la planta. O que se pudran de abajo hacia arriba, esto es triste porque la planta ya ha muerto solo podre salvar ese ejemplar creando meristemos de las partes sanas, esto si acaso.

¿Que ocasiona que el riego enferme la planta de arriba hacia abajo o viceversa?

La acumulación de agua, ya que como nos empeñamos en personalizar a las orquídeas queremos obligar a las orquídeas a algo que no son.

O tenerlas en recipientes tan enormes que sus raíces quedan atrapadas y enterradas en un material que por factores de humedad se pudre rápidamente. Y esto ocasionara que insectos que no queremos en nuestras plantas, lleguen, y mucho menos en su sistema de raíces que a su vez es su sistema de anclaje.

Un material que se pudre rápido trae ácaros, hongos, bacterias e insectos que se alimentaran de las raíces o las enfermaran.

Lo han visto, le damos cosas que la naturaleza no le da y que no necesitan y le quitamos las cosas que la naturaleza le da que son esenciales para nuestras orquídeas.

En pocas palabras las raíces no necesitan ser cubiertas, porque ya lo están por el velamen.

Gracias al roció y el agua los minerales que se sedimentan en el velamen del sistema de raíces de la planta de orquídea. Ya sea con el agua de lluvia o el rocío mañanero los minerales sedimentados en el velamen llegaran a la raíz, y de ahí ser transferidos y almacenados en las hojas y en los pseudobulbos. Entonces vemos la importancia del sistema de raíz de una orquídea ya que el mismo hace que la planta sea robusta y cuando vemos una planta robusta significa que ha logrado almacenar energía suficiente para subsistir en estas épocas de sequias donde no hay agua de lluvia por largos periodos de tiempo.

Ya de una manera rápida y eficaz hemos comprendido la importancia del agua para las plantas. De igual manera hemos visto como se entrelazan los elementos en este proceso de poder cultivar una orquídea con éxito. El sol que nos da calor e iluminación, vemos como este factor de ciclo de día y de noche nos dan temperaturas adecuadas para formar roció y lluvias que darán agua a nuestras plantas.

Les mencione que las plantas tienen un ciclo vital y vemos que para desarrollarse bien necesitan de iluminación, del agua y con los minerales sedimentados en el velamen la planta crece bien robusta y entonces florece, cuando florece es polinizada y al ser polinizada desarrolla un fruto y cuando ese fruto madura se abre y deja a la intemperie la semilla de la orquídea y es nuestro amigo el aire que se encargara de transportar esa semilla a otro lugar para que cuando germine comience su ciclo vital nuevamente.

Entonces hablemos del aire, del viento.

Siempre me pregunte porque este elemento era esencial para las plantas. Por dos factores, acabamos de mencionar uno es el que acarrea la semilla de un lugar hacia el otro y esa semilla germinará, ya que habrá varios factores y elementos presentes para que logre germinar y esos son temperatura, iluminación, humedad y hongos, si necesita de ciertos hongos para germinar, pero eso sería otro cantar.

El polvo del Sahara es dañino para nuestros pulmones, pero es beneficio para las plantas. Esto es gracias a que tiene particulado lleno de nutrientes para la tierra y muchos de esos nutrientes llegaran al velamen de nuestras plantas de orquídeas. Y este polvito no se mueve por si mismo si no que es movido y acarreado por el aire, el viento.

Siempre escucho el mismo argumento de que en la selva o en el bosque nadie va a echarle vitaminas a la planta, porque yo entonces debo hacerlo, se supone que no tenga que hacerle nada.

Les digo que tienen toda la razón, pero se les olvida que hay toda una naturaleza resguardando a la planta.

Que de igual manera un ave, un pez, un coral, una bestia en un ambiente natural no necesita de nadie que le dé comida, agua y refugio porque el hábitat se encarga de proveerle.

Hay un ciclo perfecto en armonía y unión, aunque haya caos, que es necesario el caos, pues sí. El caos es necesario para equilibrar la vida, para que las cosas no lleguen a los extremos, estos si destruyen.

Entonces el aire se encargó de llevar micronutrientes al velamen de la planta de orquídea, recuerden que el velamen es parte de su sistema de raíz.

En el velamen se sedimentaron los micronutrientes, entonces durante el día hace calor y de noche frio y tendremos rocío, ese roció hace que esos nutrientes sean absorbidos a través del velamen y lleguen a la raíz y de la raíz pasan al pseudobulbo o caña o tallo de la planta al igual a sus hojas donde será almacenado como energía.

Recuerden la orquídea evolucionó de tal manera que hace como la hormiga que guarda alimento para cuando haya, de esa manera en la escases no morirá de hambre.

Vamos poco a poco y espero que estén comprendiendo la importancia de los elementos. Como el fuego es importante, este elemento lo obtenemos gracias al sol. Gran fuente de energía.

Como el agua es importante, este elemento lo obtenemos gracias al rocío y a las lluvias.

Como el aire es importante, este elemento nos los regala el viento y vemos lo importante que es para el sistema de raíz de una planta de orquídea, le da alimento, y le ayuda a mantener sus raíces acicaladas ya que seca de igual el excedente de agua en ellas, evitando se enfermen y se pudran.

Como he mencionado las raíces de las orquídeas es un sistema completo. La planta germina y usa su sistema de raíces como anclaje...yo lo asocio a las patas y brazos de los pulpos. Esas extremidades o apéndices del pulpo están llenos de ventosas desde que comienzan desde un extremo de la pata hasta la punta.

Los patas y brazos del pulpo lo ayudan a desplazarse en el agua y las ventosas son las que ayudan al pulpo a sujetarse y a atrapar a su presa.

Pues el sistema de raíz de una orquídea funciona como esos apéndices del pulpo junto con sus ventosas. Los apéndices son los que le da movimiento y soporte al pulpo, pues el sistema de raíz de una orquídea hace lo propio, de igual forma las patas del pulpo le dan de comer lo mismo hace las raíces de las orquídeas. Entonces ya entienden el porque le llamo sistema en vez de solo raíz.

Las orquídeas se anclan con su sistema de raíz al huésped, pero no se alimentan de su savia, ya que la orquídea produce su propia savia y reserva la energía en sus tallos y hojas.

Esto se conoce como crecimiento epífito, es decir que la planta crece inclusive sobre otra planta obteniendo sus nutrientes y agua del ambiente que la rodea, por lo tanto, no es una planta parasita que se alimenta de su huésped.

Puede tener un crecimiento monopoidal o simpoidal. Un crecimiento monopoidal significa que la planta crece en una sola dirección y sobre su propio rizoma sin desarrollar pseudobulbos y usa el follaje para almacenar su energía. Mientras que el crecimiento simpoidal es como en forma de zigzags en donde si la planta desarrolla los pseudobulbos que se unen a través de un rizoma, los pseudobulbos guardan energía al igual que el follaje. Y esa energía es transferida de un pseudobulbo o tallo al otro por el rizoma.

Creo que con esto ya comprenderán que a las plantas de orquídeas hay que dejarlas en paz y dejar de estar dividiendo ya que no crecen por esquejes, ni hay que estar sacándole los famosos hijitos. Ya que estar haciendo esto es acortar la vida útil de la planta.

Recuerde que las plantas NO SON OBJETOS, SON UN SER VIVIENTE. Como todo ser viviente que habita nuestro planeta Tierra.

Entonces hablemos del elemento tierra.

Teniendo en cuenta estos datos las plantas de orquídeas germinan y se anclan en diferentes superficies, eso dependiendo del Género de orquídea, para que sepan son miles de géneros y millones de especies, sin contar los cruces que se obtienen, sea de manera natural o de manera artificial.

Las superficies donde una planta de orquídea puede desarrollarse según su género y especie, son; musgo y hojarasca, arboles, tierra, piedras. Por lo tanto, se pueden encontrar géneros de orquídeas desarrollándose en selvas, bosques húmedos, bosques secos, desiertos, ríos, playas, pantanos, montañas altísimas y en llanos. Las puedes ver encima de tejados, en postes de alumbrado eléctrico, a la orilla de la carretera, en fin, donde esa semilla fue depositada por el viento y encontró los elementos y factores necesarios para germinar lo hará y evolucionará para estar y florecer.

Hay que comprender que hay diversidad de personas, por eso hay un arco iris, por eso en la Torre de Babel las personas comenzaron ha usar sus dialectos, sus diferentes idiomas, por eso hay blancos y negros... por eso hay altos y hay bajitos, para el gusto los colores, así reza el refrán por cierto muy sabio.

Hay quienes le gusta lo urbano, hay quienes les gusta lo rural, hay quien le gusta el rio, hay quien gusta de la playa, y hay a quien le vale todo y le gusta todo en todos. Y a quienes le gusta de ser Ermitaño como yo. Es decir, nada obliga o te obliga, eres libre. Tu vida es tuya y de nadie más.

La orquídea es igual, y nos va a indicar donde le gusta y como le gusta. Me ha pasado que monto una orquídea en un árbol y literalmente la orquídea tira hacia afuera y su sistema de raíz no se ancla.

Entonces es claro el mensaje no quiere estar ahí. Colocas a la misma planta ya que la sacaste de ese árbol y la pones en un tiesto de barro y no pasa una semana cuando ves el sistema de raíz anclándose, más sin embargo nunca lo hizo en el árbol.

Pues la naturaleza es sabia solamente hay que saberla escuchar con los ojos. Hay arboles que son resinosos y esa resina quemará el sistema de raíz. La naturaleza se comunica entre sí, y este es el vivo ejemplo, es impresionante ver como uno con un alambre o strap monta esa orquídea en un tronco y la planta si desarrolla sistema de raíz anclándose al mismo, o vez cuando la colocas en un tiesto y le metes cinco libras de sustrato y la planta se eleva y en movimientos de zigzags se va al extremo o borde del recipiente y ahí comienza a crecer sobre ella misma.

En pocas palabras si usted no ve a ese género de orquídea creciendo desde la tierra, no lo coloque en la tierra, si usted no ve esa orquídea creciendo sobre un árbol no lo obligue a estar en el árbol.

Si la ves creciendo en una piedra y a pleno sol, pues déjela bajo esas mismas condiciones. Una orquídea que se da en las alturas de una montaña a ciertas temperaturas jamás podrá darse en el desierto y viceversa.

El mensaje es claro, vivas donde vivas, si querrás cultivar orquídeas tendrás que primero conocer tu hábitat natural y el ambiente en que vives porque ahí es donde la orquídea deberá desarrollarse. Y no porque haya visto una orquídea en foto en un grupo, en un libro, en Google, significa que podre cultivarla donde vivo. Mi exhortación es que busque información sobre esa orquídea y podrá saber si puede adquirirla o no.

Inclusive hay orquídeas que exclusivamente se dan en áreas europeas como las Ophrys, son orquídeas terrestres. Y se dan exclusivamente en esa área ya que ahí es donde único existe el tipo de tierra con micronutrientes y minerales específicos que harán que las Ophrys subsistan y sigan evolucionando en ese lugar.

Entonces si las Ophrys se pudieran dar en nuestra Isla o en cualquier otra parte del mundo, entonces hubieran germinado aquí o allá, y estarían evolucionando aquí y allá.

Es decir, por más que te guste un pez, el pez es para vivir dentro del agua no fuera del agua. Tu podrás dormir con tu perrito, pero nunca podrás dormir con tu pececito. Las cosas son como son, y así son por un motivo.

Ahora bien, las orquídeas para el colmo de los males ya nos han leído antes que nosotros a ellas. Y han evolucionado a nuestra forma de tratarlas.

Podemos encontrar orquídeas en tierra ya que la persona las enterró hasta más no poder hachándole tierra hasta llegar donde comienzan las hojas. Y si la orquídea corrió suerte y su humano la dejo quieta ella quizás logre salir de ese entierro con la ayuda del riego que ira quitando la tierra, que nunca debió estar, logrando que un renuevo de la planta se de por encima de ese bulbo enterrado, ese renuevo se le llama keiki, una palabra hawaiana que significa hijo, y ese keiki eche nuevo sistema de raíz que corra sobre la tierra y esa planta logre crecer y desarrollar sobre ella misma bajo un nuevo sistema de raíces. Pero no fue que se dio en la tierra, la planta evolucionó para subsistir en ese ambiente hostil

Si una planta sufrió un accidente y se parte colóquela sobre una superficie, ella encontrará la manera de evolucionar, nunca meta ese pedazo de planta en un embace con agua para que "eche raíces" ya que nunca lo hará, ahora bien, si puede tomar ese bulbo o pedazo de planta y en una botella o embace colocarlo de tal manera que el agua no toque a la planta y la humedad creada en ese micro hábitat ocasionará que enraíce la planta. Una vez enraizada entonces le sugiero la coloque sobre algún sustrato para que ese sistema de raíz comience su proceso de anclaje.

Fíjese que nunca menciono sembrar una orquídea, siempre uso otro término como; colocar, poner, montar, sujetar.

Ocurre en las suculentas, ocurre en las Bromelias y ocurre en las Orquídeas por igual. Recuerde no es una planta o árbol que pueda crecer por esqueje. Lo que quiero decir es que arrancando un pedazo de orquídea y enterrándolo en la tierra o dejándolo en un embace lleno de agua, no es la forma correcta de salvar lo que arrancó o por accidente se partió. Si quiere salvarlo amárralo en un árbol o colócalo en una superficie, cúralo, dale de comer y deja que la naturaleza resuelva lo que por accidente ocurrió.

Lo más importante es que como creo ya mencione, nunca uso la palabra SEMBRAR cuando hablo de replantar una orquídea.

Siempre que voy a adquirir un ejemplar lo primero que hago es investigar su ficha técnica. En esta ficha técnica me dirá las temperaturas en su hábitat natural, que tanta iluminación tiene, la climatología en general de donde es endémica la especie, y sobre todo eso me dirá si se da en un litoral del rio, lago, o playa, si se da en desiertos.

Me dirá la época de latencia, si las plantas duermen como todo ser viviente, recuerda que te hable de los ciclos de oscuridad e iluminación…los ciclos de sequia y humedad… pues estos ciclos la orquídea los reconoce y activa un plan de supervivencia y es el de caducar sus hojas dejar de producir renuevos y su sistema de raíz se seca, entonces la planta se duerme, como lo hace el oso en invierno dentro de una cueva para no morir en un clima que lo podrá matar si no lo hace.

La orquídea hace lo propio cuando llega esa época de frio o sequía extrema hace latencia para evitar morir. Y se activa nuevamente cuando la naturaleza le avisa con la temperatura, un ciclo nuevo de luz y de sombra y las lluvias que anuncian que la sequía acabo.

Muchas de las orquídeas terrestres hacen ese periodo de latencia…emergen para florecer y una vez termina este ciclo y la flor es polinizada y esa bellota abre y se esparce con el viento las semillas, entonces ese ciclo ha terminado para ella y llega su fin, o se va a latencia y espera pacientemente las condiciones adecuadas en su momento y tiempo adecuado para volver a cumplir con su ciclo vital.

Entonces para cultivar eficazmente una planta de orquídea debemos tener paciencia, la planta tiene un ciclo de vida y de crecimiento y hay que respetarlo, cuando la planta este madura ella va a florecer y eso es lo que nos gusta. Ver como la vida se abre paso. No podemos ajorar su proceso porque en ese ajoro es que las matamos. Por ejemplo, echándole mucha vitamina que quemará su sistema de raíz.

En la naturaleza nunca hay muerte siempre hay vida, y eso me hace recordar la esperanza. Debemos tener Fe que nuestro esfuerzo y trabajo con ellas rendirá su fruto. Y este fruto es su flor, y para tener muchas flores hay tenerla rodeada de los elementos de la vida; FUEGO, AGUA, AIRE Y TIERRA, y juntos a estos el elemento final, AMOR en nuestro espíritu y empeño que en lo que estamos haciendo que es lo correcto para nosotros y para los seres vivientes que nos rodean, esto es poner parte de nosotros y si damos parte de nosotros estamos dando ESPIRITU, EL ULTIMO DE LOS ELEMENTOS Y NO MENOS IMPORTANTE. En el espíritu todo se armoniza y todo se logra. Por eso es que digo que se convierten en sacramentales ya que nos traen a la memoria esos recuerdos agradables de las personas que ya no están en este plano, pero si nos siguen en espíritu desde el cielo o simplemente dejan ese recuerdo para que sepamos que la vida continúa en el Universo. Como ven TODO está conectado en TODOS y logra una armonía perfecta.

La orquídea con su forma de evolucionar y ser, nos muestran resiliencia. Ante la adversidad nos educa en que hay que almacenar para cuando no haya. Nos educa en estar en armonía con el entorno que nos rodea no quitándole demás. Nos muestra como ante las circunstancias adversas que la pueden quebrar por lo frágil ellas buscaran la manera de seguir hacia adelante, como los perros salchichas o como el toro que embiste. Así son las plantas de Orquídeas. Se abren paso en la vida. Leí en un artículo científico sobre el Genero Catasetum donde en su hábitat natural se dan en los troncos y ramas de los árboles, pero las ramas han sufrido accidentes y terminaron en el suelo, al otro tiempo de visita en el área cuenta el científico que las plantas que dejaron en el suelo habían desarrollado mucho mejor que aquellas que estaban en las ramas, entonces que nos enseña esto…que la planta busca seguir hacia adelante a pesar de las condiciones en que se encuentre debido a accidentes que no están bajo nuestro control.

Entonces la planta de orquídea nos muestra que hay que aferrarse y comprender que lo nuevo es ayuda para ser mejores. Que no hay mal que por bien no venga.

El poder cultivar cualquier planta, no tan solo las orquídeas, nos deben abrir nuestra mente y nuestro corazón para ver que somos parte de un todo que es el AMOR.

Han logrado, y eso espero, entender que somos todos parte de un plan divino o universal. Donde todo se armoniza para la vida, para construir y no destruir.

FUEGO, AIRE, AGUA, TIERRA. PERO HAY UN ELEMENTO MAS QUE ESPECIFICAMENTE LAS ORQUIDEAS LOGRAN, JUNTO A LA ARMONIA DE LA NATURALEZA, Y ES EL ESPIRITU. Por algo son los elementos de la vida y no otra cosa, todo tiene su razón de ser. Y el espíritu es el último de los elementos donde todos nos encontraremos al final.

Es donde mencione que lo sacramental se une con lo mundano, nos mejora, nos hace, nos destruye y nos construye. Va más allá de lo que es el amor. Por eso en el cien por ciento de los casos, la naturaleza nos trae a la memoria algo que hace crecer nuestra mente, nuestro espíritu.

Una flor, el sonido del rio, él va y ven de las olas en la playa, el olor de la tierra luego de llover, el sol al amanecer o en el atardecer, el caminar por una montaña y llegar a su tope, el flotar en el agua, el trepar en un árbol, el solo sacar la mano por la ventana del carro cuando va corriendo y sentir el viento entre los dedos, el mirar las estrellas o las nubes en el cielo, el recostarse en la hierba, o al estar jugando con nuestras mascotas, cuando estamos con nuestros seres amados.

Todo lo anterior lo encuentro al cultivar una planta de orquídea. Y cuando algo me hace sentir vivo, me hace feliz entonces me hace amar y creer, me hace sentir el universo, me hace sentir lo divino, y es entonces que mi cuerpo, mi mente y mi espíritu se une junto a la naturaleza y se hacen uno.

Por lo tanto, cultivar una planta no es difícil, solo hay que aprender a escucharla con nuestros ojos para dar lo que nos piden con amor. Y en amor ellas nos van a responder.

Este escrito desde el corazón se lo dedico a mi familia, en especial a mi madre María, a mi padre Josué y a mi abuela Isabel. Que tan cariñosamente me enseñaron amar la naturaleza.